차례

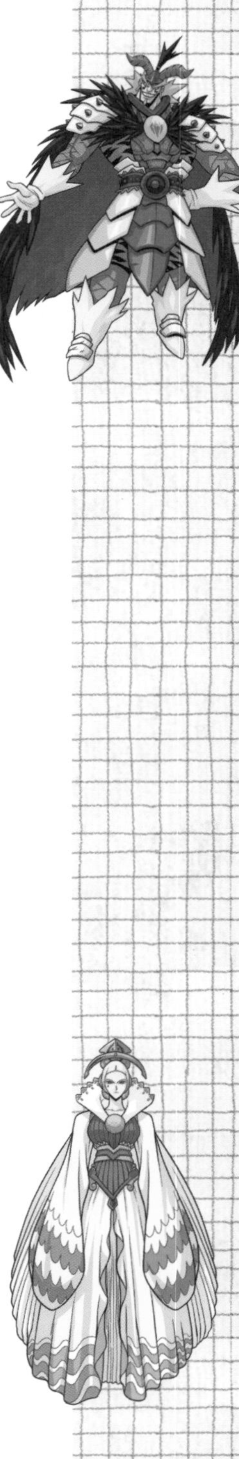

손오공과 함께 하는 마법 한자 1

★ 한자의 뜻과 소리를 써 보세요.

엎드려라! 예) 엎드릴 복

머물러라!

판가름해라!

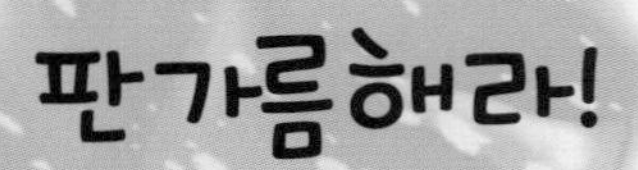

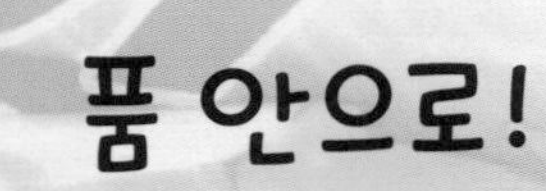

실어라!

품 안으로!

재주를 부려라!
재주 재 才!
才
아리따운 여인으로!
여자 녀 女!
女
재주를 부려라!
아리따운 여인으로!
살펴라!
살필 심 審!
審
透
투명해져라!
투명할 투 透!
살펴라!
투명해져라!
단단하게 굳어라!
굳을 경 硬!
硬
단단하게 굳어라!

엄마, 아빠와 함께 하는 한자 연습장

월 일

아빠 확인	엄마 확인

마법천자문

▶ 한자마법을 따라 써 보세요.

엎드려라! 엎드릴 복 伏!

엎드려라! 엎드릴 복 伏!

한자능력검정시험급수 4급

伏

'사람'을 뜻하는 人(인)과 '개'를 뜻하는 犬(견)을 합하여, 사람의 뒤에 개가 엎드려 있는 모습에서 '엎드리다'의 뜻이 나왔다.

人(亻)부의 4획 총 6획

엎드릴 **복** / 품을 **부**

필순 伏 伏 伏 伏 伏 伏

▶ 필순에 따라 바르게 써 보세요.

伏	伏	伏	伏	伏	伏	伏		
엎드릴 복								

伏이 쓰인 낱말

애걸복걸(哀乞伏乞) – 소원이나 부탁을 들어 달라고 애처롭게 사정하며 간절히 빎
복병(伏兵) – 예상하지 못한 뜻밖의 경쟁 상대

▶ 伏이 쓰인 낱말을 써 보세요.

哀	乞	伏	乞	哀	乞	伏	乞
애걸복걸							

伏	兵	伏	兵				
복병							

▶ 다음 한자는 伏과 같은 소리를 내는 한자예요.

복 – 服 옷 **복** – 福 복 **복** – 復 돌아갈 **복**

服 옷 **복**	뜻 : 음을 나타내는 𠬝(복)은 사람을 위에서 누르고 있는 모양으로 '사람을 거느리다', '붙이다'를 뜻하지만, 일반적으로 '몸에 붙이다', '붙다'의 뜻으로 쓰이며 月(월)을 더하여 '옷'을 뜻한다.
	服

福 복 **복**	뜻 : 음을 나타내는 畐(복)은 신에게 바치는 '술통'을 뜻하며, '신에게 술이 가득한 술통을 바치는 것처럼 풍족하고 행복해지기를 빌다'의 뜻에서 '복'의 뜻을 나타낸다.
	福

復 돌아갈 **복**	뜻 : '조금 걷다'의 뜻인 彳(척)과 复(복)이 합해져 '원래의 길을 되돌아가다'의 뜻을 나타내며, '다시'의 뜻도 갖게 되었다.
	復

▶ 한자마법을 따라 써 보세요.

재주를 부려라! 재주 재 才!

재주를 부려라! 재주 재 才!

한자능력검정시험급수 6급	才	초목의 새싹이 땅에서 돋아나는 모양을 나타낸 글자로, 연약한 싹이 딱딱한 지면을 뚫고 올라오는 데서 '재능', '재주'의 뜻을 갖게 되었다. 手(扌)부의 0획 총 3획	
	재주 **재**	필순 一 十 才	

▶ 필순에 따라 바르게 써 보세요.

才 재주 재	一	十	才					

才가 쓰인 낱말

재능(才能) – 재주와 능력

영재(英才) – 뛰어난 재주, 또는 그런 재주를 가진 사람

▶ 才가 쓰인 낱말을 써 보세요.

才能	才能		
재능			

英才	英才		
영재			

▶ 다음 한자는 才와 같은 소리를 내는 한자예요.

재 — 材 재목 **재** — 在 있을 **재** — 財 재물 **재**

材 재목 **재**	뜻 : 음을 나타내는 才(재)는 '재주'를 뜻하며 '나무'를 뜻하는 木(목)과 합하여 '재목'을 뜻한다. 건축물이나 도구를 만들기 위한 재료인 나무를 뜻하기도 하지만 사람의 소질이나 재능을 뜻하기도 한다.
	材

在 있을 **재**	뜻 : 음을 나타내는 才(재)와 '흙'을 뜻하는 土(토)를 합하여 '있다'의 뜻을 나타낸다.
	在

財 재물 **재**	뜻 : 음을 나타내는 才(재)와 '돈'을 뜻하는 貝(패)를 합하여 사람이 가치는 있는 것으로 치는 물건이란 뜻에서 '재물'을 뜻한다.
	財

▶ 한자마법을 따라 써 보세요.

아리따운 여인으로! 여자 녀 女!

아리따운 여인으로! 여자 녀 女!

한자능력검정시험급수 8급

여자 **녀(여)**

두 손을 얌전히 포개고 무릎을 꿇는 여성을 본뜬 모양으로 '여자'를 뜻한다.

女부의 0획 총 3획

필순 女 女 女

▶ 필순에 따라 바르게 써 보세요.

女	女	女	女					
여자 녀(여)								

엄마, 아빠와 함께 하는

한자 연습장

월 일

아빠 확인	엄마 확인

女가 쓰인 낱말

여군(女軍) – 여자 군인을 이르는 말
장녀(長女) – 여러 자식 가운데 맏이가 되는 딸을 이르는 말

▶ 女가 쓰인 낱말을 써 보세요.

女軍	女軍		
여군			

長女	長女		
장녀			

▶ 다음 한자는 女와 같은 소리를 내는 한자예요.

녀(여) — 如 같을 여 — 餘 남을 여 — 與 더불 여

如 같을 여	뜻 : 음과 뜻을 동시에 나타내는 女(녀)에 '입'을 뜻하는 口(구)를 더하여 여자가 남의 말에 잘 따른다는 데서 '같다'의 뜻을 나타낸다.
	如

餘 남을 여	뜻 : 음을 나타내는 余(여)는 '펴지다'를 뜻하며, '먹다', '음식'을 뜻하는 食(식)과 합하여 '음식이 남다', '넉넉하다'의 뜻에서 '나머지'를 뜻한다.
	餘

與 더불 여	뜻 : 음을 나타내는 牙(아)는 '치아'를 뜻하며 물건을 집어 올리는 양손의 모양을 본뜬 舁(여)와 합하여 손과 말귀를 맞춰서 '더불어 하다', '주다'의 뜻을 나타낸다.
	與

▶ 한자마법을 따라 써 보세요.

투명해져라! 투명할 투 透!

투명해져라! 투명할 투 透!

한자능력검정시험급수 3급

透

투명할, 환할 투

'길게 뻗다'는 뜻의 秀(수)와 '달리다'는 뜻의 辵(착)이 합하여, '길게 뻗어 나가다', '내뚫다'의 뜻을 나타낸다.

辵(辶)부의 7획 총 11획

필순 透 透 透 透 透 透 透 透 透 透 透

▶ 필순에 따라 바르게 써 보세요.

透	透	透	透	透	透	透	透	透
투명할 투								
透	透	透						

透가 쓰인 낱말

투과(透過) – 꿰뚫고 지나감
투명(透明) – 환히 트여 속까지 보임

▶ 透가 쓰인 낱말을 써 보세요.

透	過	透	過				
투과							

透	明	透	明				
투명							

▶ 다음 한자는 透와 같은 소리를 내는 한자예요.

투 – 投 던질 **투** – 鬪 싸움 **투** – 妬 샘낼 **투**

投 던질 **투**	뜻 : '손'을 뜻하는 手(수)와 몽둥이를 나타내는 殳(수)가 합해져 '무기를 던지다'에서 '던지다'의 뜻을 나타낸다.						
	投						

鬪 싸움 **투**	뜻 : 두 사람이 마주 서서 싸우는 모양을 본뜬 글자로 '싸움'을 뜻한다.						
	鬪						

妬 샘낼 **투**	뜻 : 음을 나타내는 石(석)과 '여자'를 뜻하는 女(녀)를 합하여 이루어진 글자로 '시기하다', '샘내다'를 뜻한다.						
	妬						

엄마, 아빠와 함께 하는 한자 연습장

월 일

아빠 확인 | 엄마 확인

마법천자문

▶ 한자마법을 따라 써 보세요.

살펴라! 살필 심 審!

살펴라! 살필 심 審!

한자능력검정시험급수 3급

살필, 자세할 **심**

집을 나타내는 宀(면)과 짐승의 발자국을 나타낸 釆(변)에 입 모양의 변형인 田(전)이 합해진 글자로, 집 안에 생긴 짐승의 발자국을 살피는 데서 '자세히 살피다'라는 뜻이 나왔다.

宀부의 12획 총 15획

필순 審 審 審 審 審 審 審 審 審 審 審 審 審 審 審

▶ 필순에 따라 바르게 써 보세요.

審 살필 심	審	審	審	審	審	審	審	審
審	審	審	審	審	審	審		

엄마, 아빠와 함께 하는
한자 연습장

월 일

아빠 확인 | 엄마 확인

마법천자문

審이 쓰인 낱말

심문(審問) – 자세히 물어 조사함
심판(審判) – 문제가 되는 일을 자세히 조사하여 판단함, 또는 경기 등의 우열을 판단함

▶ 審이 쓰인 낱말을 써 보세요.

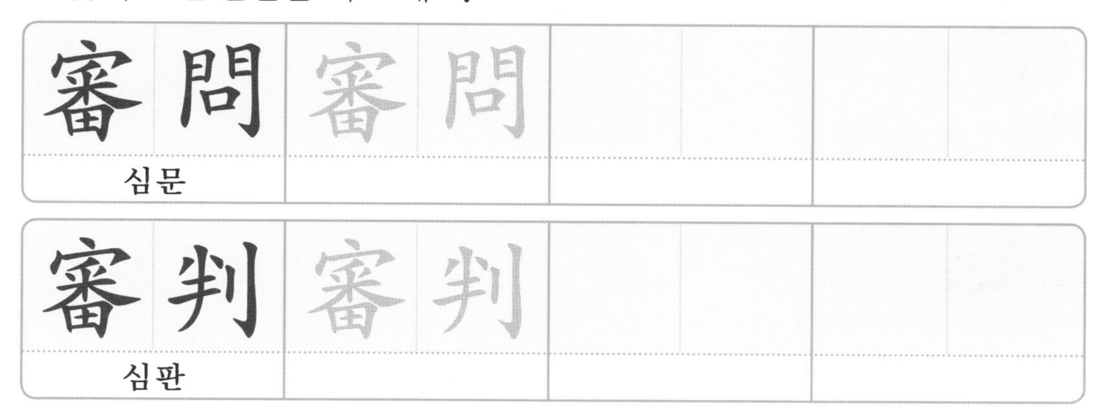

▶ 다음 한자는 審과 같은 소리를 내는 한자예요.

심 — 心 마음 **심** — 深 깊을 **심** — 甚 심할 **심**

心 마음 **심**	뜻 : 심장의 모양을 본뜬 글자로, '마음'의 뜻을 나타낸다.
深 깊을 **심**	뜻 : 又(우)와 火(화)를 합한 모양의 글자에 穴(혈)을 더하여 불을 들고 구멍 속 깊숙이 사람이 들어가는 모습을 나타내며, 水(수)를 더하여 물의 밑바닥이 깊은 것을 일컫는 데서 '깊다'의 뜻을 나타낸다.
甚 심할 **심**	뜻 : 부뚜막 위에 물을 담은 그릇을 놓고 밑에서 불을 때는 모양을 본떠 '화덕'을 뜻하며 '심하다', '깊고 두텁다'의 뜻도 나타낸다.

한자 연습장

월 일

아빠 확인	엄마 확인

▶ 한자마법을 따라 써 보세요.

판가름해라! 판단할 판 判!

판가름해라! 판단할 판 判!

한자능력검정시험급수 4급

判

판단할, 가를 **판**

'둘로 나누다'의 뜻인 半(반)과 '칼'을 뜻하는 刀(도)가 합하여 '칼로 가르다'라는 뜻이 되었다.

刀(刂)부의 5획 총 7획

필순 判 判 判 判 判 判 判

▶ 필순에 따라 바르게 써 보세요.

判	判	判	判	判	判	判	判	
판단할 판								

判이 쓰인 낱말

판결(判決) – 일의 옳고 그름과 선악을 판단하여 결정함
판명(判明) – 사실이나 진실 따위를 명백하게 밝힘

▶ 判이 쓰인 낱말을 써 보세요.

判	決	判	決				
판결							

判	明	判	明				
판명							

▶ 다음 한자는 判과 같은 소리를 내는 한자예요.

판 — 板 널빤지 판 — 版 판목 판 — 販 팔 판

板 널빤지 판	뜻 : 음을 나타내는 反(반→판)과 '나무'를 뜻하는 木(목)이 합하여 넓적한 나무의 뜻에서 '널빤지'를 뜻한다.
	板

版 판목 판	뜻 : 음을 나타내는 反(반→판)은 '넓적한 판'을 뜻하며 '조각'을 뜻하는 片(편)과 합하여 나무를 둘로 쪼갠 한쪽, 즉 나무를 쪼개서 만든 '판자', '판목'의 뜻을 나타낸다.
	版

販 팔 판	뜻 : 음을 나타내는 反(반→판)은 '되돌리다'를 뜻하며 '재물'을 뜻하는 貝(패)와 합하여 돈으로 산 물건을 팔고 다시 돈으로 돌려받는 데서 '장사하다'를 뜻한다.
	販

월 일

아빠 확인 | 엄마 확인

▶ 한자마법을 따라 써 보세요.

머물러라! 머무를 주 駐!

머물러라! 머무를 주 駐!

한자능력검정시험급수 2급

駐

머무를 **주**

음을 나타내는 主(주)는 '일정 기간 머무르다'를 뜻하며, '말'을 뜻하는 馬(마)와 합하여 '말이 선 채로 있다', '머무르다'의 뜻을 나타낸다.

馬부의 5획 총 15획

필순 駐 駐 駐 駐 駐 駐 駐 駐 駐 駐 駐 駐 駐 駐 駐

▶ 필순에 따라 바르게 써 보세요.

駐	駐	駐	駐	駐	駐	駐	駐	駐
머무를 주								
駐	駐	駐	駐	駐	駐	駐		

엄마, 아빠와 함께 하는

한자 연습장

월	일

아빠 확인	엄마 확인

駐가 쓰인 낱말

주차(駐車) – 자동차를 정지한 상태에서 세워 둠

주둔(駐屯) – 군대가 임무 수행을 위하여 일정한 곳에 얼마 동안 머무르는 일

▶ 駐가 쓰인 낱말을 써 보세요.

駐	車	駐	車				
주차							

駐	屯	駐	屯				
주둔							

▶ 다음 한자는 駐와 같은 소리를 내는 한자예요.

주 — 主 임금 주 — 晝 낮 주 — 州 고을 주

主 임금 주	뜻 : 등잔 접시 위에 불이 타고 있는 모양을 본뜬 것으로, '임금'을 뜻한다.						
	主						

晝 낮 주	뜻 : '하루'를 뜻하는 一(일)과 '해'를 뜻하는 日(일)을 합하여 하루 종일 해가 떠 있어 책을 읽을 수 있는 동안인 '낮'을 뜻한다.						
	晝						

州 고을 주	뜻 : 모래톱이나 땅을 물이 에워싸고 흐르는 모양을 본떠 한정된 구역이라는 뜻을 나타내고 나아가 '고을'을 뜻한다.						
	州						

엄마, 아빠와 함께 하는

한자 연습장

월 일

아빠 확인 | 엄마 확인

마법천자문

▶ 한자마법을 따라 써 보세요.

실어라! 실을 재 載!

실어라! 실을 재 載!

한자능력검정시험급수 3급

음을 나타내는 𢦏(재)와 '수레'를 뜻하는 車(거)가 합하여 '싣다'의 뜻을 나타낸다.

車부의 6획 총 13획

실을 **재** / 떠받들 **대**

필순

▶ 필순에 따라 바르게 써 보세요.

載
실을 재

엄마, 아빠와 함께 하는
한자 연습장

월 일

아빠 확인	엄마 확인

마법천자문

載가 쓰인 낱말

게재(揭載) – 신문이나 잡지 등에 글이나 그림을 실음
적재(積載) – 물건이나 짐을 선박, 차량 따위의 운송 수단에 실음

▶ 載가 쓰인 낱말을 써 보세요.

揭	載	揭	載				
게재							

積	載	積	載				
적재							

▶ 다음 한자는 載와 같은 소리를 내는 한자예요.

재 – 再 두 **재** – 栽 심을 **재** – 宰 재상 **재**

再 두 **재**	뜻 : 쌓여 있는 나무토막 위에 하나씩 더 얹어 놓는다는 데서 '다시', '거듭'을 뜻한다.
	再

栽 심을 **재**	뜻 : 음을 나타내는 𢦏(재)와 '나무'를 뜻하는 木(목)이 합하여 '나무뿌리에 흙을 북돋아 재배한다', 즉 '심다'의 뜻을 나타낸다.
	栽

宰 재상 **재**	뜻 : 음을 나타내는 辛(신)과 '집'을 뜻하는 宀(면)을 합하여 임금의 곁에서 요리와 허드렛일을 관장하는 사람의 뜻에서 '주관하다'를 나타내며 나아가 '벼슬아치의 우두머리'를 가리키게 되었다.
	宰

엄마, 아빠와 함께 하는
한자 연습장

월 일

아빠 확인	엄마 확인

▶ 한자마법을 따라 써 보세요.

품 안으로! 안을 포 抱!

품 안으로! 안을 포 抱!

한자능력검정시험급수 3급

抱

안을 포

음을 나타내는 包(포)는 '싸다'의 뜻을 가지며, 손을 뜻하는 手(수)와 합하여 '손으로 싸다'의 뜻에서 '안다'의 뜻을 나타낸다.

手(扌)부의 5획 총 8획

필순 抱 抱 抱 抱 抱 抱 抱 抱

▶ 필순에 따라 바르게 써 보세요.

抱 안을 포	抱	抱	抱	抱	抱	抱	抱	抱

抱가 쓰인 낱말

포옹(抱擁) – 품 안에 껴안음

포부(抱負) – 마음속에 품은 자신감이나 계획

▶ 抱가 쓰인 낱말을 써 보세요.

抱	擁	抱	擁				
포옹							

抱	負	抱	負				
포부							

▶ 다음 한자는 抱와 같은 소리를 내는 한자예요.

포 — 包 쌀 포 — 捕 잡을 포 — 砲 대포 포

包 쌀 포	뜻 : 태아를 의미하는 巳(사)와 '싸다'는 뜻의 勹(포)가 합해져 임신한 모습을 나타낸 데서, '싸다'를 뜻한다.
	包

捕 잡을 포	뜻 : '손'을 뜻하는 手(수)와 '볏모'를 뜻하는 甫(보)가 합하여 이루어진 글자로 '볏모를 손에 쥐다', '꼭 잡다'라는 뜻을 나타낸다.
	捕

砲 대포 포	뜻 : 돌을 뜻하는 石(석)과 음을 나타내는 包(포)가 합쳐진 글자로 돌을 멀리 날리는 '무기'를 의미한다.
	砲

엄마, 아빠와 함께 하는
한자 연습장

월 일

아빠 확인	엄마 확인

마법천자문

▶ 한자마법을 따라 써 보세요.

단단하게 굳어라! 굳을 경 硬!

단단하게 굳어라! 굳을 경 硬!

한자능력검정시험급수 3급

硬

굳을 경

음을 나타내는 更(갱·경)과 '단단하다'는 뜻의 石(석)이 합하여 '굳다'의 뜻을 나타낸다.

石부의 7획 총 12획

필순 硬 硬 硬 硬 硬 硬 硬 硬 硬 硬 硬 硬

▶ 필순에 따라 바르게 써 보세요.

硬

굳을 경

硬이 쓰인 낱말

경도(硬度) – 물체의 단단함과 무른 정도
경화(硬化) – 물건이 단단해짐

▶ 硬이 쓰인 낱말을 써 보세요.

硬	度	硬	度				
경도							

硬	化	硬	化				
경화							

▶ 다음 한자는 硬과 같은 소리를 내는 한자예요.

경 — 鏡 거울 **경** — 警 경계할 **경** — 競 다툴 **경**

鏡 거울 **경**	뜻 : 음을 나타내는 竟(경)과 '쇠'를 뜻하는 金(금)을 합하여 이루어진 글자로 '거울'을 뜻한다.						
	鏡						

警 경계할 **경**	뜻 : '말'을 뜻하는 言(언)과 '경계하다', '조심하다'는 뜻의 敬(경)이 합해져 '경계하여 말하다'를 나타낸다.						
	警						

競 다툴 **경**	뜻 : 원래 글자는 '말하다'를 뜻하는 言(언)을 반복 사용하여 '두 사람이 말로 심하게 다툰다'는 뜻에서 '다투다'의 뜻을 나타낸다.						
	競						

만화 속 한자 찾기

★ 만화 속에 숨어 있는 한자를 찾아보세요.

엎드릴 **복** ★ 재주 **재** ★ 여자 **녀(여)** ★ 투명할 **투** ★ 살필 **심**
판단할 **판** ★ 머무를 **주** ★ 실을 **재** ★ 안을 **포** ★ 굳을 **경**

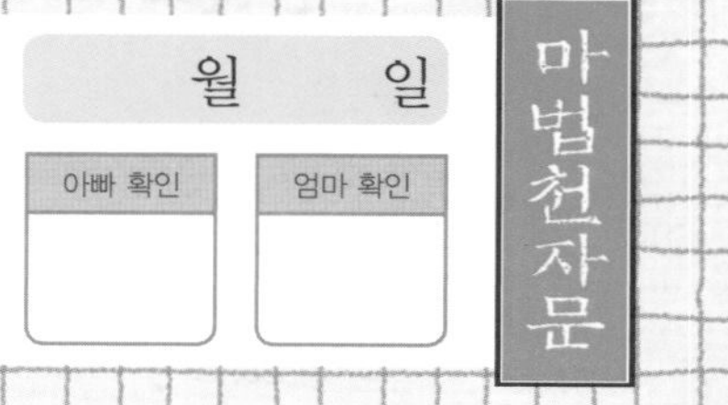

중간평가 1

1. 관계있는 것끼리 이으세요.

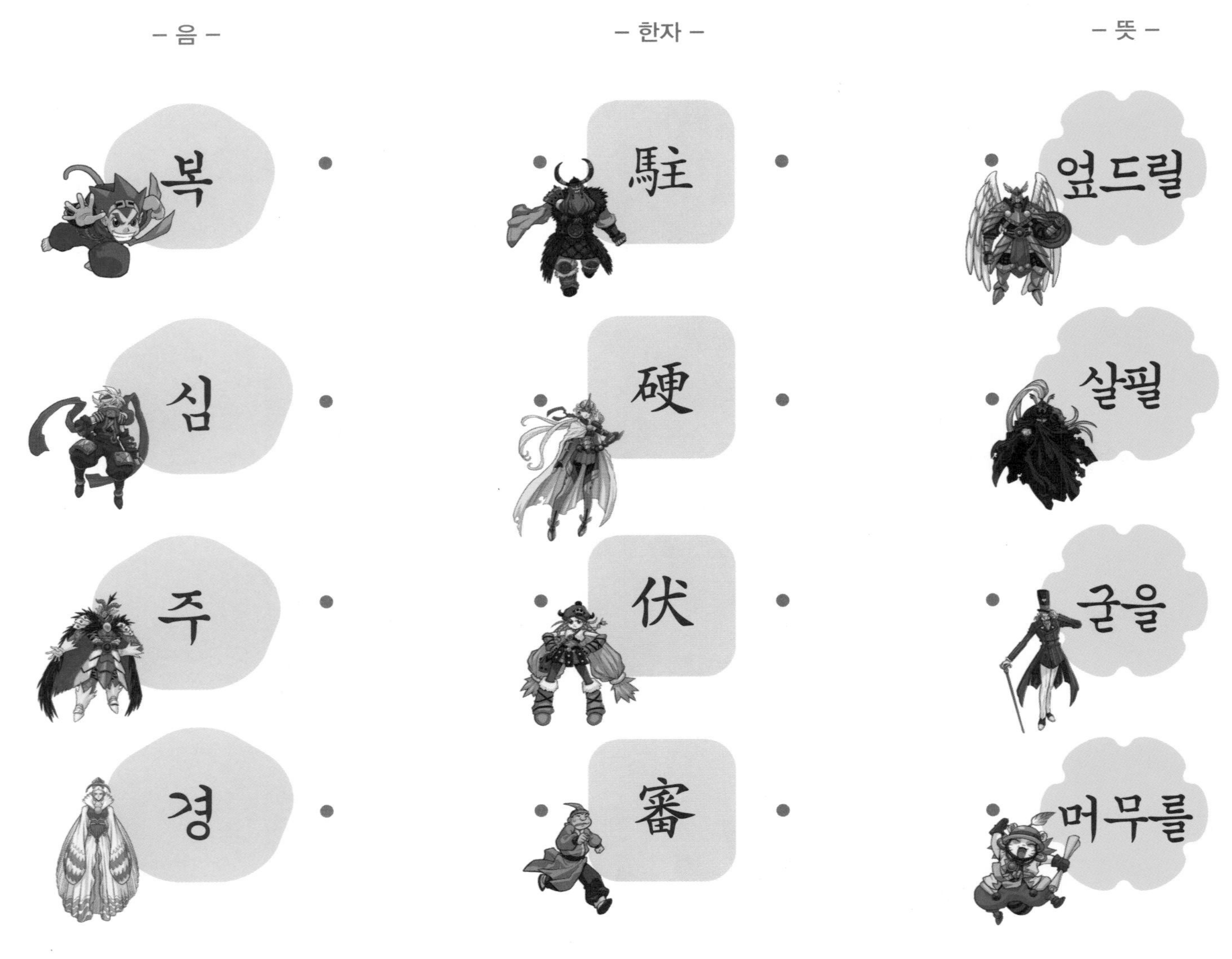

2. 한자와 음이 바르게 짝지어진 것을 골라 'ㅇ'표 하세요.

3. 빈칸에 알맞은 한자, 뜻, 소리를 써 넣으세요.

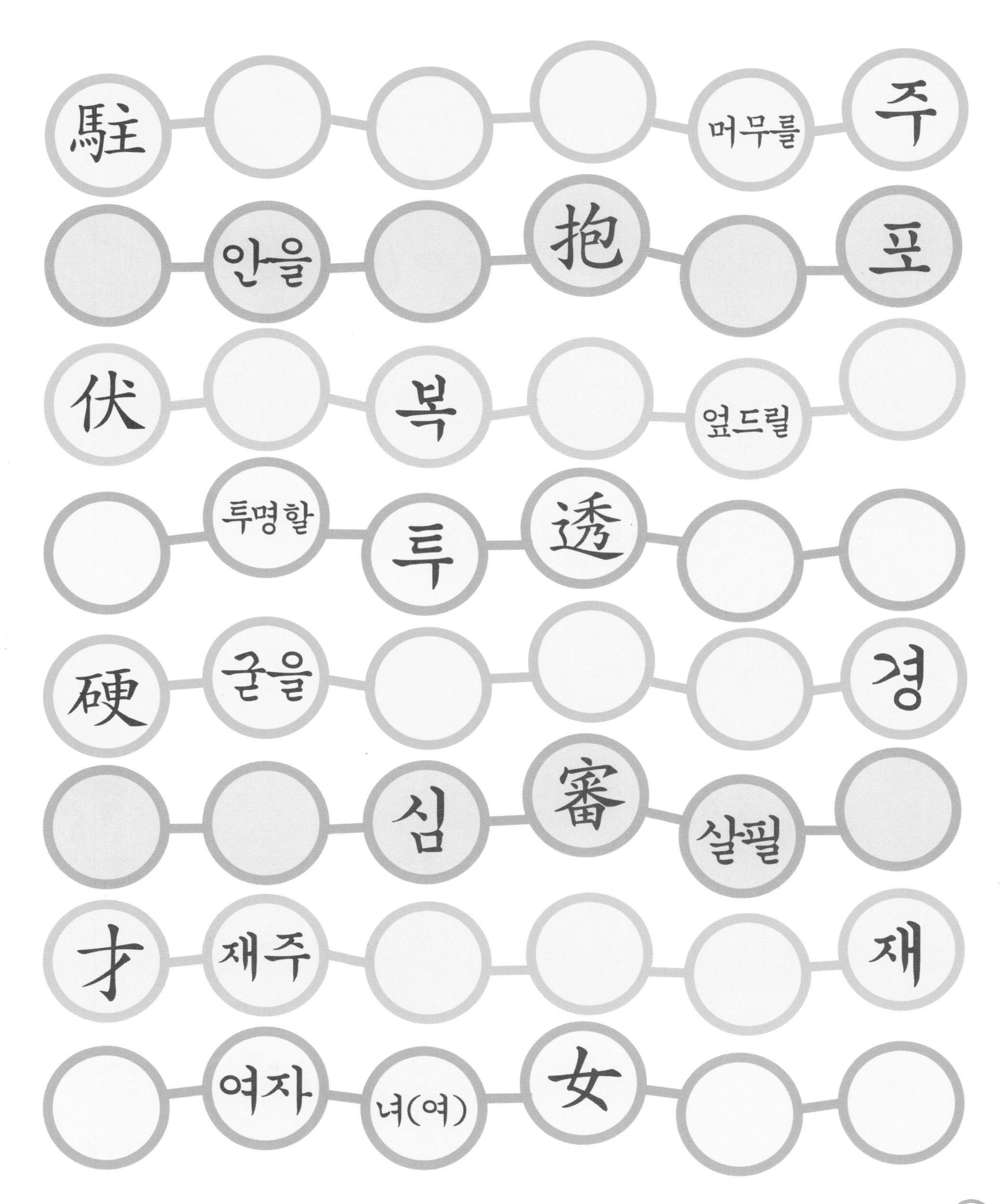

중간평가 1

4. 다음 그림과 한자마법을 읽고 지워진 한자를 찾으세요.

(1) 실어라! 실을 재 [ ]!

① 才

② 虎

③ 載

④ 積

(2) 살펴라! 살필 심 [ ]!

① 心

② 不

③ 見

④ 審

(3) 투명해져라! 투명할 투 [ ]!

① 土

② 透

③ 白

④ 球

5. 다음 그림과 한자마법을 잘 살펴본 후, 알맞은 마법 주문을 고르세요.

(1) 駐

① 달려라! 달릴 주!

② 머물러라! 머무를 주!

③ 재주 부리기! 재주 술!

(2) 硬

① 단단하게 굳어라! 굳을 경!

② 나와라, 쏟아져라! 돌 석!

③ 굳어라! 굳을 고!

(3) 抱

① 들어가라! 들 입!

② 품 안으로! 안을 포!

③ 튀어 나와라! 날 출!

손오공과 함께 하는 마법 한자 2

★ 한자의 뜻과 소리를 써 보세요.

멀찌감치 물러서라!

예) 떨어질 거

넓고 깊은 바다!

백성과 나라를 지킨다!

새까맣다!

눈을 떠라, 전설의 수호자!

와 와아 와아아
와

예리하고 날카롭게!
비수 **비** 匕!

匕

公

기울어짐 없이!
공평할 **공** 公!

예리하고 날카롭게!

기울어짐 없이!

천의 열 배!

뽐내어 말하다!

굼실굼실 일렁여라!

▶ 한자마법을 따라 써 보세요.

멀찌감치 물러서라! 떨어질 거 距!

멀찌감치 물러서라! 떨어질 거 距!

한자능력검정시험급수 3급

距

떨어질 거

음을 나타내는 巨(거)와 '발'을 뜻하는 足(족)이 합하여 '닭의 며느리발톱'을 가리킨다. 여기에서 비롯되어 '떨어지다', '격하다'의 뜻을 나타낸다.

※ 며느리발톱은 조류의 다리 뒤쪽에 솟아난 돌기를 뜻한다.

足부의 5획 총 12획

필순 距 距 距 距 距 距 距 距 距 距 距 距

▶ 필순에 따라 바르게 써 보세요.

距 떨어질 거	距	距	距	距	距	距	距	距
距	距	距	距					

엄마, 아빠와 함께 하는
한자 연습장

월 일

아빠 확인 | 엄마 확인

마법천자문

距가 쓰인 낱말

거리(距離) – 서로 떨어진 사이
거절(距絶) – 거부하여 끊음

▶ 距가 쓰인 낱말을 써 보세요.

距離	距離		
거리			

距絶	距絶		
거절			

▶ 다음 한자는 距와 같은 소리를 내는 한자예요.

거 — 車 수레 거 — 去 갈 거 — 巨 클 거

車 수레 거	뜻 : 바퀴 달린 '수레'의 모양을 본뜬 글자로 '수레'를 뜻한다.
	車

去 갈 거	뜻 : 사람을 형상화한 大(대)와 동굴의 출구를 나타내는 口(구)가 합쳐져 '떠나가다'의 뜻을 나타낸다.
	去

巨 클 거	뜻 : 손으로 자를 잡고 있는 모습을 본뜬 글자에서 '크다'의 뜻이 나왔다.
	巨

▶ 한자마법을 따라 써 보세요.

예리하고 날카롭게! 비수 비 匕!

예리하고 날카롭게! 비수 비 匕!

한자능력검정시험급수 1급

匕

비수, 숟가락 **비**

끝이 뾰족한 숟가락의 형상을 본뜬 글자로, '예리하고 짧은 칼', '화살 촉'을 뜻한다.

匕부의 0획 총 2획

필순 匕 匕

▶ 필순에 따라 바르게 써 보세요.

匕	匕	匕						
비수 비								

엄마, 아빠와 함께 하는
한자 연습장

월 일

아빠 확인	엄마 확인

匕가 쓰인 낱말

비수(匕首) – 날이 날카로운 짧은 칼

▶ 匕가 쓰인 낱말을 써 보세요.

匕首	匕首		
비 수			

▶ 다음 한자는 匕와 같은 소리를 내는 한자예요.

비 — 比 견줄 비 — 備 갖출 비 — 飛 날 비 — 鼻 코 비

比 견줄 비	뜻 : 두 사람이 늘어선 모양에서 '나란히 하다', '가까이 하다', '돕다'의 뜻을 나타낸다.
	比
備 갖출 비	뜻 : 葡(비)는 화살을 넣는 전동이다. 여기에 人(인)과 합쳐져 사람이 전동을 몸에 착용하고 화살을 충분히 갖추고 있다는 데서 '갖추다', '준비하다'를 뜻한다.
	備
飛 날 비	뜻 : 새가 양 날개를 펴고 하늘을 나는 모습을 본뜬 글자로 '날다'의 뜻을 나타낸다.
	飛
鼻 코 비	뜻 : 원래 글자는 코의 모양을 본뜬 自(자)로, 뒤에 음을 나타내는 畀(비)를 덧붙여 지금의 鼻(비)가 되었다.
	鼻

▶ 한자마법을 따라 써 보세요.

기울어짐 없이! 공평할 공 公!

기울어짐 없이! 공평할 공 公!

한자능력검정시험급수 6급	公	'나누다'의 뜻인 八(팔)과 사사로움을 나타내는 厶(私:사)가 합하여, '사사로움을 깨뜨리다', '공정하다'의 뜻이 나왔다. 八부의 2획 총 4획	
	공평할 **공**	**필순** 公 公 公 公	

▶ 필순에 따라 바르게 써 보세요.

公	公	公	公	公				
공평할 공								

엄마, 아빠와 함께 하는
한자 연습장

월 일

아빠 확인	엄마 확인

마법천자문

公이 쓰인 낱말

공인(公人) – 국가나 사회를 위하여 일하는 사람
공휴일(公休日) – 국경일이나 일요일과 같이 공적으로 정해진 휴일

▶ 公이 쓰인 낱말을 써 보세요.

▶ 다음 한자는 公과 같은 소리를 내는 한자예요.

공 — 工 장인 **공** — 攻 칠 **공** — 恐 두려워할 **공**

工 장인 **공**	뜻 : 기술자가 사용하는 공구(工具)를 본뜬 모양에서 '연장', '기술자', '공작하다'의 뜻을 나타낸다.
	工

攻 칠 **공**	뜻 : '치다'라는 뜻을 가진 攵(부)에 연장의 모양을 나타낸 工(공)을 더해 '치다', '공격하다'의 뜻을 나타낸다.
	攻

恐 두려워할 **공**	뜻 : 음을 나타내는 巩(공)과 뜻을 나타내는 心(심)을 합하여 이루어진 글자로, '조심스러운 마음', '두려워하다'라는 뜻을 나타낸다.
	恐

엄마, 아빠와 함께 하는

한자 연습장

월 일

아빠 확인 | 엄마 확인

▶ 한자마법을 따라 써 보세요.

뽐내어 말하다! 자랑할 과 誇!

뽐내어 말하다! 자랑할 과 誇!

한자능력검정시험급수 3급

음을 나타내는 夸(과)는 華(화)와 통하여 '화려함'을 뜻하며, '말하다'를 뜻하는 言(언)과 합하여 '화려하게 말하다', '자랑하다'를 뜻한다.

言부의 6획 총 13획

자랑할 **과** / 노래할 **구**

필순 誇 誇 誇 誇 誇 誇 誇 誇 誇 誇 誇 誇 誇

▶ 필순에 따라 바르게 써 보세요.

誇	誇	誇	誇	誇	誇	誇	誇	誇
자랑할 과								
誇	誇	誇	誇	誇				

엄마, 아빠와 함께 하는
한자 연습장

월 일

아빠 확인	엄마 확인

마법천자문

誇가 쓰인 낱말

과장(誇張) – 실제보다 더 부풀려서 떠벌림
과시(誇示) – 사실보다 크게 나타내어 뽐내어 보임

▶ 誇가 쓰인 낱말을 써 보세요.

誇 張	誇 張		
과장			

誇 示	誇 示		
과시			

▶ 다음 한자는 誇와 같은 소리를 내는 한자예요.

과 – 寡 적을 과 – 果 열매 과 – 過 지날 과

寡 적을 과	뜻 : '집 안'을 뜻하는 宀(면)과 음을 나타내는 동시에 '의지할 곳이 없다'는 뜻의 夏(하)의 변형으로 이루어진 글자로, '집 안에 의지할 사람이 적은 사람'이란 뜻에서 '적다'의 뜻을 나타낸다.
	寡

果 열매 과	뜻 : 나무(木) 위에 열매가 열린 모양을 본뜬 글자로 '열매', '과실'의 뜻을 나타낸다.
	果

過 지날 과	뜻 : 辵(辶)과 '넘다'의 뜻을 나타내는 咼(과)가 결합되어 '지나가다', '정도를 넘다'의 뜻을 나타낸다.
	過

▶ 한자마법을 따라 써 보세요.

천의 열 배! 일만 만 萬!

천의 열 배! 일만 만 萬!

한자능력검정시험급수 8급

일만 **만**

전갈의 모양을 본뜬 글자로, 그 모양을 차용하여 숫자 10,000을 뜻하게 되었다.

艸(艹)부의 9획 총 13획

필순 萬萬萬萬萬萬萬萬萬萬萬萬萬

▶ 필순에 따라 바르게 써 보세요.

萬
일만 만

萬이 쓰인 낱말

만일(萬一) – 만에 하나, 드물게 있는 일
만국기(萬國旗) – 전 세계 각 나라의 국기

▶ 萬이 쓰인 낱말을 써 보세요.

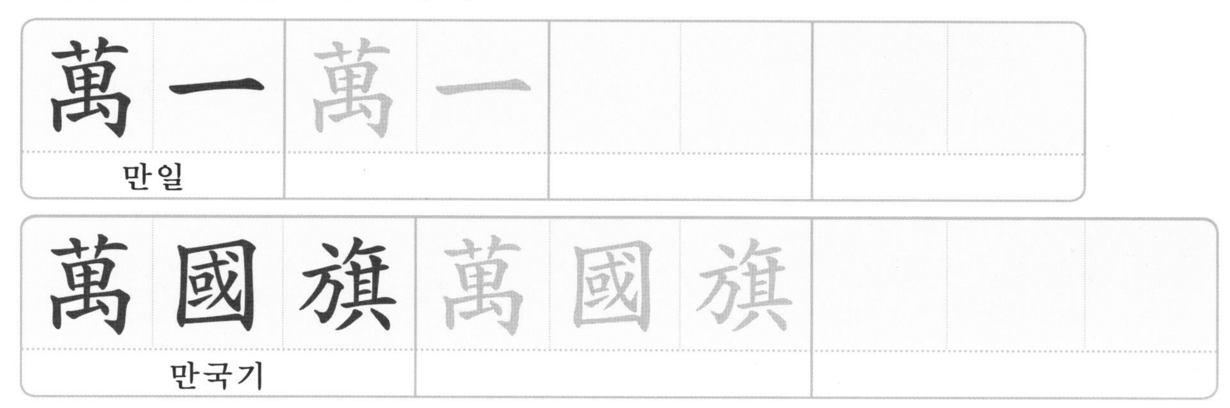

▶ 다음 한자는 萬과 같은 소리를 내는 한자예요.

만 – 挽 당길 **만** – 漫 흩어질 **만** – 慢 거만할 **만**

挽 당길 **만**	뜻 : 사람이 모자를 쓰고 있는 모양을 본뜬 免(면)에 手(수)를 더하여 '손으로 당기다', '벗다', '벗어나다'의 뜻을 나타낸다. 挽
漫 흩어질 **만**	뜻 : 음을 나타내는 曼(만)은 '널리 퍼진다'는 뜻을 가지며 '물'을 뜻하는 水(수)와 합하여 '물이 끝없이 퍼진다'에서 '흩어지다'를 뜻한다. 나아가 '함부로'라는 뜻도 나타낸다. 漫
慢 거만할 **만**	뜻 : 음을 나타내는 曼(만)은 '완만하다'는 뜻을 가지며 '마음'을 뜻하는 心(심)과 합하여 '게을리하다', '깔보다'의 뜻을 나타낸다. 慢

▶ 한자마법을 따라 써 보세요.

백성과 나라를 지킨다! 나라 국 國!

백성과 나라를 지킨다! 나라 국 國!

한자능력검정시험급수 8급

나라 국

마을을 본뜬 글자 口(위)와 '창'을 뜻하는 戈(과)가 합쳐져, '무장한 마을'을 뜻하는 或(역)에 테두리가 더해져 성곽으로 둘러쳐진 '나라'의 뜻을 나타내게 되었다.

口부의 8획 총 11획

필순 國 國 國 國 國 國 國 國 國 國 國

▶ 필순에 따라 바르게 써 보세요.

國
나라 국

엄마, 아빠와 함께 하는 한자 연습장

월 일

아빠 확인 | 엄마 확인

國이 쓰인 낱말

국왕(國王) – 한 나라의 임금

국어(國語) – 온 국민이 사용하는 그 나라 고유의 말. 우리나라는 한국어를 뜻함

▶ 國이 쓰인 낱말을 써 보세요.

▶ 다음 한자는 國과 같은 소리를 내는 한자예요.

국 — 局 판 **국** — 菊 국화 **국** — 鞫 국문할 **국**

局 판 **국**

뜻 : '자'를 뜻하는 尺(척)과 '입'을 뜻하는 口(구)를 합하여 '자로 잰 듯이 정확한 말을 법도에 따라 한다'는 데서 '관청'의 뜻을 나타낸다. 나아가 '구획', '방', '장기', '바둑판'을 뜻하기도 한다.

局

菊 국화 **국**

뜻 : 음을 나타내는 匊(국)과 '풀'을 뜻하는 '艹(초두머리)' 부수를 합하여 '국화'를 뜻한다.

菊

鞫 국문할 **국**

뜻 : 음을 나타내는 匔(굉 → 국)과 '가죽'을 뜻하는 革(혁)을 합하여 이루어진 글자로 '국문하다', '심문하다'를 뜻한다.

鞫

월 일

아빠 확인	엄마 확인

▶ 한자마법을 따라 써 보세요.

넓고 깊은 바다! 바다 해 海!

넓고 깊은 바다! 바다 해 海!

한자능력검정시험급수 7급

海

바다 **해**

비녀를 꽂은 어머니의 모습인 每(매)에 '물'을 뜻하는 水(수)를 더하여 모든 물을 받아들이는 물의 어머니, 즉 '바다'를 나타낸다.

水(氵)부의 7획 총 10획

필순 海 海 海 海 海 海 海 海 海 海

▶ 필순에 따라 바르게 써 보세요.

海 바다 해	海	海	海	海	海	海	海	海
海	海							

海가 쓰인 낱말

해상(海上) – 바다 위
해변(海邊) – 바다와 땅이 잇닿은 곳

▶ 海가 쓰인 낱말을 써 보세요.

▶ 다음 한자는 海와 같은 소리를 내는 한자예요.

해 — 解 풀 해 — 害 해로울 해 — 亥 돼지 해

解 풀 해
뜻 : '칼로 소를 찢어 가른다'는 뜻에서 '해체하다', '풀다'의 뜻을 나타낸다.
解

害 해로울 해
뜻 : '기도의 말(口)'을 '새겨(丯) 덮어 가리다(宀)'는 뜻에서 '해치다', '해롭게 하다'는 뜻을 나타낸다.
害

亥 돼지 해
뜻 : 돼지의 모양을 본뜬 글자로 '돼지'를 뜻한다. 음을 빌어 십이지의 열두 번째 글자로 돼지를 상징한다.
亥

▶ 한자마법을 따라 써 보세요.

새까맣다! 검을 흑 黑!

새까맣다! 검을 흑 黑!

한자능력검정시험급수 5급

검을 **흑**

위쪽의 굴뚝에 검댕이 차고 아래쪽 아궁이에 불길이 오르는 모양을 본떠, '검다'의 뜻을 나타낸다.

黑부의 0획 총 12획

필순 黑 黑 黑 黑 黑 黑 黑 黑 黑 黑 黑 黑

▶ 필순에 따라 바르게 써 보세요.

黑 검을 흑	黑	黑	黑	黑	黑	黑	黑	黑
黑	黑	黑	黑					

黑이 쓰인 낱말

흑심(黑心) – 음흉하고 부정한 마음
흑연(黑鉛) – 연필심이나 전기 공업 등에 사용되는, 순수한 탄소로 이루어진 광물
흑야(黑夜) – 캄캄한 밤
흑자(黑字) – 검은 빛의 글자, 또는 수입이 지출보다 많아 이익이 생기는 일
흑백논리(黑白論理) – 흑이 아니면 백, 선이 아니면 악 등 두 가지로만 구분하려는 논리

▶ 黑이 쓰인 낱말을 써 보세요.

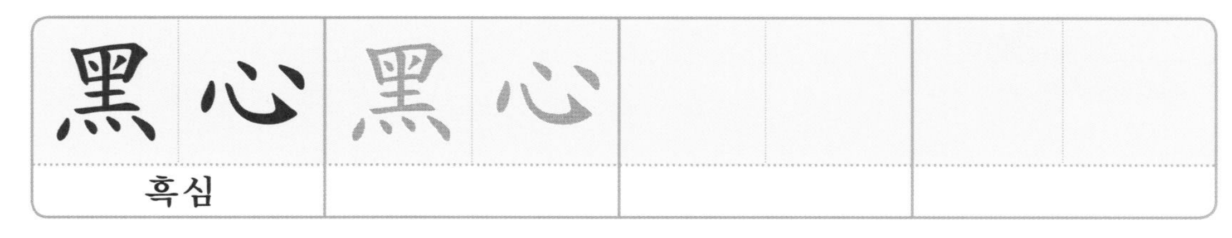

黑	白	論	理	黑	白	論	理
흑백논리							

▶ 한자마법을 따라 써 보세요.

눈을 떠라, 전설의 수호자! 용 룡 龍!

눈을 떠라, 전설의 수호자! 용 룡 龍!

한자능력검정시험급수 4급	龍	머리 부분에 뿔이 있는 상상의 동물인 '용'을 본뜬 글자이다. 龍부의 0획 총16획	
	용 **룡(용)**	**필순** 龍龍龍龍龍龍龍龍龍龍龍龍龍龍龍龍	

▶ 필순에 따라 바르게 써 보세요.

龍 용 룡(용)	龍	龍	龍	龍	龍	龍	龍	龍
龍	龍	龍	龍	龍	龍	龍	龍	

龍이 쓰인 낱말

용궁(龍宮) – 바닷속에 있다고 하는 용왕의 궁전

용두사미(龍頭蛇尾) – 용의 머리와 뱀의 꼬리라는 뜻으로, 처음은 왕성하나 끝이 부진한 현상을 이르는 말

▶ 龍이 쓰인 낱말을 써 보세요.

龍宮	龍宮		
용궁			

龍頭蛇尾	龍頭蛇尾
용두사미	

▶ 다음 한자는 龍과 같은 소리를 내는 한자예요.

용 – 勇 용기 용 – 傭 품 팔 용 – 用 쓸 용

勇 용기 용	뜻 : 무거운 물건(甬)을 들어 올릴 수 있는 힘(力)이 있다는 뜻에서 '용감하다'라는 뜻을 나타낸다.
	勇

傭 품 팔 용	뜻 : 음을 나타내는 庸(용)과 '사람'을 뜻하는 人(인) 부수를 합하여 '품팔이 하다', '품삯', '고르다'를 뜻한다.
	傭

用 쓸 용	뜻 : '용종(甬鐘)'이라는 종의 모양을 본뜬 글자로, '종의 꼭지를 잡고 들어 올리다'라는 모습에서 '쓰다'라는 뜻을 나타내게 되었다.
	用

▶ 한자마법을 따라 써 보세요.

굼실굼실 일렁여라! 물결 랑 浪!

굼실굼실 일렁여라! 물결 랑 浪!

한자능력검정시험급수 3급	浪	봉긋하게 솟구치는 모습을 나타내는 良(량)에 水(수)를 덧붙여 '사납게 일어나는 물결'의 뜻을 나타낸다. 水(氵)부의 7획 총 10획	
	물결 **랑(낭)**	**필순** 浪 浪 浪 浪 浪 浪 浪 浪 浪 浪	

▶ 필순에 따라 바르게 써 보세요.

浪	浪	浪	浪	浪	浪	浪	浪	浪
물결 랑(낭)								
浪	浪							

浪이 쓰인 낱말

파랑(波浪) – 큰 물결과 작은 물결
낭비(浪費) – 재물을 함부로 씀

▶ 浪이 쓰인 낱말을 써 보세요.

波浪	波浪		
파랑			

浪費	浪費		
낭비			

▶ 다음 한자는 浪과 같은 소리를 내는 한자예요.

랑(낭) — 朗 밝을 **랑(낭)** — 郎 사내 **랑(낭)** — 狼 이리 **랑(낭)**

朗	뜻 : 음을 나타내는 良(량→랑)과 '달'을 뜻하는 月(월)이 합해져 이루어진 글자로, '달빛이 아름답고 밝게 비춘다'는 뜻에서 '밝다', '환하다'의 뜻을 나타낸다.
밝을 **랑(낭)**	朗

郎	뜻 : 음을 나타내는 良(량→랑)과 '마을'을 뜻하는 阝(우부방) 부수를 합하여 '사내', '남편', '아들' 등의 뜻을 나타낸다.
사내 **랑(낭)**	郎

狼	뜻 : 음을 나타내는 良(량→랑)과 '개'를 뜻하는 犭(개사슴록변) 부수와 합하여 '이리', '늑대'를 뜻한다.
이리 **랑(낭)**	狼

만화 속 한자 찾기 2

★ 만화 속에 숨어 있는 한자를 찾아보세요.

떨어질 거 ★ **비수 비** ★ **공평할 공** ★ **자랑할 과** ★ **일만 만**
나라 국 ★ **바다 해** ★ **검을 흑** ★ **용 룡(용)** ★ **물결 랑(낭)**

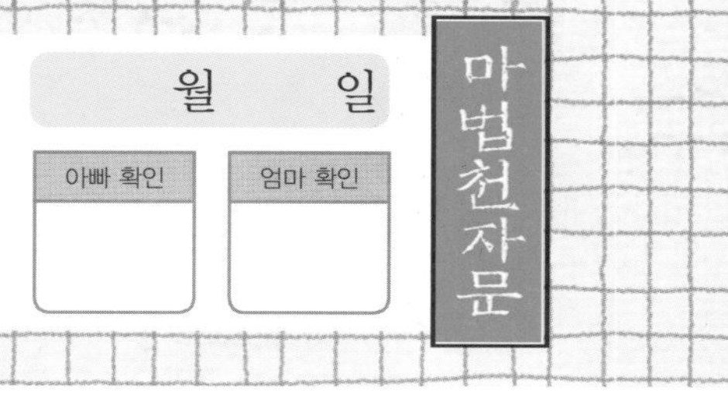

중간평가 2

1. 관계있는 것끼리 이으세요.

2. 한자와 음이 바르게 짝지어진 것을 골라 'ㅇ'표 하세요.

3. 빈칸에 알맞은 한자, 뜻, 소리를 써 넣으세요.

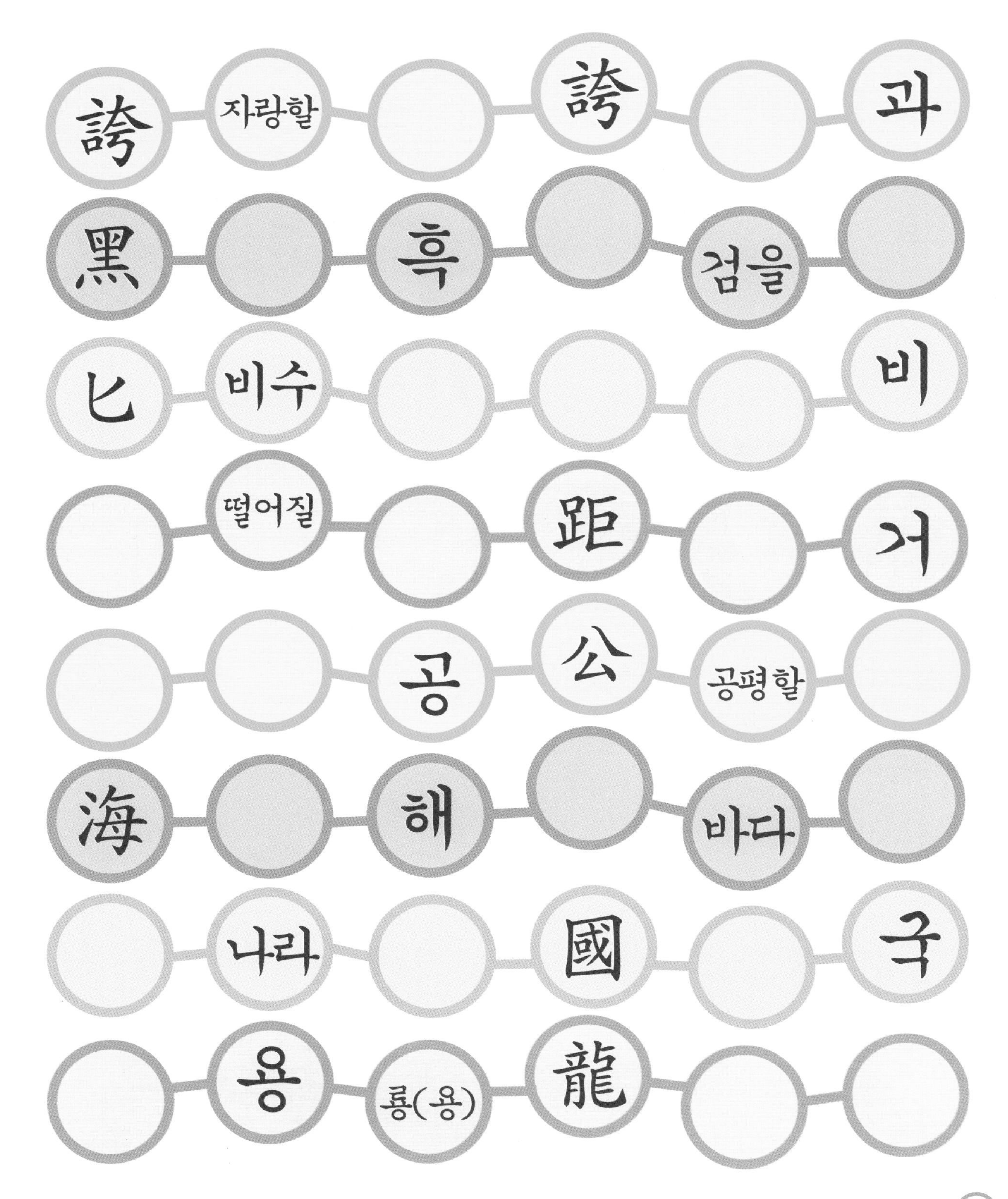

중간평가 2

4. 다음 그림과 한자마법을 읽고 지워진 한자를 찾으세요.

(1) 예리하고 날카롭게! 비수 비 [   ]!

① 比

② 示

③ 針

④ 匕

(2) 뽐내어 말하다! 자랑할 과 [   ]!

① 誇

② 果

③ 話

④ 圖

(3) 천의 열 배! 일만 만 [   ]!

① 千

② 慢

③ 萬

④ 一

5. 다음 그림과 한자마법을 잘 살펴본 후, 알맞은 마법 주문을 고르세요.

(1) 距

① 들어 올려! 들 거!

② 발로 밟아라! 밟을 천!

③ 멀찌감치 물러서라! 떨어질 거!

(2) 國

① 백성과 나라를 지킨다! 나라 국!

② 과거를 알려 줘! 역사 사!

③ 빠져나갈 곳 없이! 에워쌀 위!

(3) 海

① 마구마구 화내라! 성낼 노!

② 넓고 깊은 바다! 바다 해!

③ 굼실굼실 일렁여라! 물결 랑!

최종 형성평가

1. 다음 마법 주문에 알맞은 한자를 찾아 이으세요.

(1) 판가름해라! 판단할 판! •	• 硬
(2) 실어라! 실을 재! •	• 判
(3) 단단하게 굳어라! 굳을 경! •	• 透
(4) 기울어짐 없이! 공평할 공! •	• 誇
(5) 살펴라! 살필 심! •	• 審
(6) 품 안으로! 안을 포! •	• 女
(7) 뽐내어 말하다! 자랑할 과! •	• 載
(8) 투명해져라! 투명할 투! •	• 距
(9) 멀찌감치 물러서라! 떨어질 거! •	• 公
(10) 아리따운 여인으로! 여자 녀! •	• 抱

2. 다음의 한자어를 우리말로 바꿔 보세요.

(1) 才能 ( )	(2) 駐車 ( )	(3) 判明 ( )
(4) 伏兵 ( )	(5) 誇張 ( )	(6) 萬一 ( )
(7) 國語 ( )	(8) 硬化 ( )	(9) 抱擁 ( )
(10) 公人 ( )	(11) 黑心 ( )	(12) 浪費 ( )

3. 빈칸에 들어갈 알맞은 한자를 선택하여 쓰세요.

보기 萬國旗 審判 公開 黑龍

(1) 힘의 ______ 자, 블랙크로우는 약한 자를 가려내는 일을 한다.

(2) 잔혹마왕을 최강전사대회장에서 소원의 돌을 ______ 하기로 했다.

(3) 젠틀맨은 공연 시작을 알리기 위해 무대에 ______ 를 펼쳤다.

(4) 젠틀맨은 서커스 공연에서 차가운 대륙에서 전설로 내려오는 ______의 알을 공개했다.

4. 다음 한자와 음이 같은 한자를 선택하세요.

駐 ① 走 ② 巨 ③馬 ④ 往

伏 ① 大 ② 服 ③馬 ④ 人

誇 ① 言 ② 長 ③工 ④ 果

抱 ① 包 ② 手 ③口 ④ 九

5. 다음 한자어를 바르게 읽은 것에 '○'표 하세요.

(1) 國王 (국왕, 군왕)
(2) 硬度 (경도, 경직)
(3) 公休日(공휴일, 식목일)
(4) 誇示 (과장, 과시)
(5) 判決 (판결, 판명)
(6) 揭載 (게재, 적재)
(7) 透過 (투명, 투과)
(8) 波浪 (낭비, 파랑)

최종 형성평가

6. 다음은 한자의 음과 뜻, 획수, 부수 등을 정리한 표입니다. 아래 〈보기〉를 보고 빈칸을 채워 보세요.

보기 八 16 駐 龍 4 머무를 公

한자	뜻	음	획수	부수
龍	용	룡(용)		
	공평할		4	
		주	15	馬

7. 다음은 匕와 관련된 설명이에요. 바르게 말한 사람은 누구일까요? (   )

이 한자의 부수는 七이야.

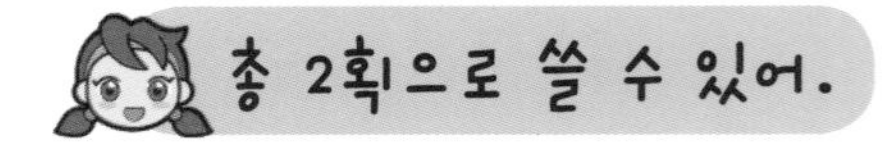

'젓가락'을 뜻해.

8. 다음은 浪과 관련된 설명이에요. 틀리게 말한 사람은 누구일까요?

'비출 랑'이라고 읽어.

이 한자의 부수는 水야.

총 10획으로 쓸 수 있지.

'사납게 일어나는 물결'이란 뜻을 나타내.

9. 다음 한자의 부수를 써 보세요.

(1) 硬 (　　　　　　)　(2) 誇 (　　　　　　)

(3) 國 (　　　　　　)　(4) 伏 (　　　　　　)

(5) 判 (　　　　　　)　(6) 載 (　　　　　　)

(7) 女 (　　　　　　)　(8) 海 (　　　　　　)

10. 다음 한자어의 뜻을 써 보세요.

(1) 海邊 : ______________________

(2) 黑心 : ______________________

(3) 拒絶 : ______________________

(4) 龍頭蛇尾 : ______________________

11. 빈칸에 들어갈 한자를 찾아보세요.

(1) 審 (　　　　)

① 度　② 事　③ 手　④ 問

Hint : 자세히 물어 조사하다는 뜻을 나타내요.

(2) 哀乞(　　　　)乞

① 伏　② 許　③ 服　④ 乞

Hint : '사람 뒤에 엎드려 있는 개'를 나타내요.

(3) 揭 (　　　　)

① 示　② 載　③ 記　④ 楊

Hint : '수레에 짐을 싣다'는 뜻의 한자를 찾아보세요.

(4) 英 (　　　　)

① 術　② 語　③ 才　④ 字

Hint : 뛰어난 재주를 가진 사람을 뜻해요.

답안지

중간평가 1 26~29쪽

1. 관계있는 것끼리 이으세요.

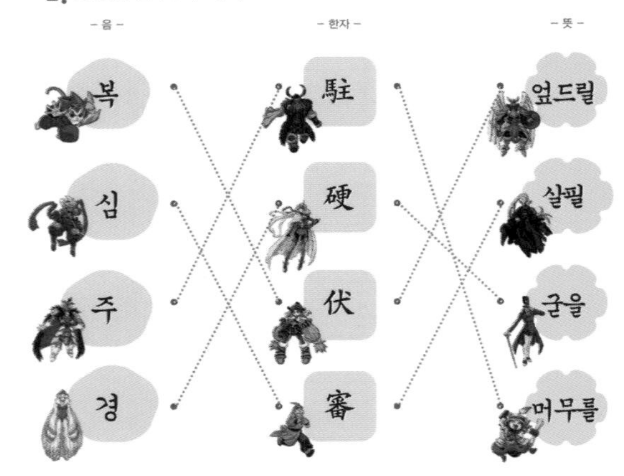

2. 한자와 음이 바르게 짝지어진 것을 골라 'ㅇ'표 하세요.

3. 빈칸에 알맞은 한자, 뜻, 소리를 써 넣으세요.

4. (1) ③ 載 (2) ④ 審 (3) ② 透

5. (1) ② 머물러라! 머무를 주!
(2) ① 단단하게 굳어라! 굳을 경!
(3) ② 품 안으로! 안을 포!

중간평가 2 54~57쪽

1. 관계있는 것끼리 이으세요.

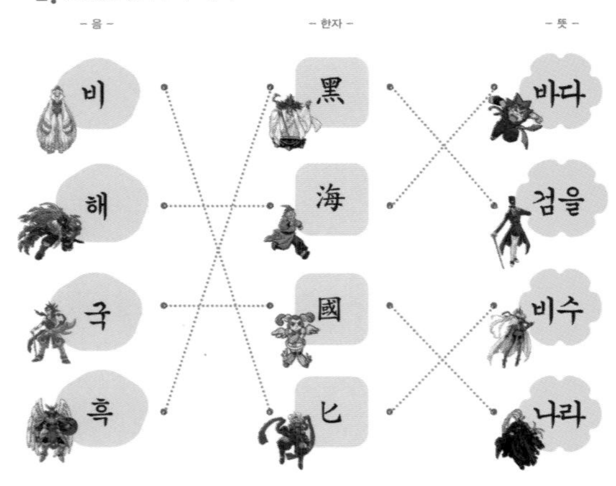

2. 한자와 음이 바르게 짝지어진 것을 골라 'ㅇ'표 하세요.

3. 빈칸에 알맞은 한자, 뜻, 소리를 써 넣으세요

4. (1) ④ 匕 (2) ① 誇 (3) ③ 萬

5. (1) ③ 멀찌감치 물러서라! 떨어질 거!
(2) ① 백성과 나라를 지킨다! 나라 국!
(3) ② 넓고 깊은 바다! 바다 해!

최종 형성평가 58~61쪽

1.

2. (1) 재능 (2) 주차 (3) 판명 (4) 복병 (5) 과장 (6) 만일
(7) 국어 (8) 경화 (9) 포옹 (10) 공인 (11) 흑심 (12) 낭비

3. (1) 審判 (2) 公開 (3) 萬國旗 (4) 黑龍

4. (1) ① 走 (2) ② 服 (3) ④ 果 (4) ① 包

5. (1) 國王 (국왕, 군왕)
(2) 硬度 (경도, 경직)
(3) 公休日(공휴일, 식목일)
(4) 誇示 (과장, 과시)
(5) 判抉 (판결, 판명)
(6) 揭載 (게재, 적재)
(7) 透過 (투명, 투과)
(8) 波浪 (낭비, 파랑)

6.

한자	뜻	음	획수	부수
龍	용	룡(용)	16	龍
公	공평할	공	4	八
駐	머무를	주	15	馬

9. (1) 石 (2) 言 (3) 口 (4) 人(亻)
(5) 刀 (6) 車 (7) 女 (8) 水

10. (1) 바다와 땅이 잇닿은 곳
(2) 음흉하고 부정한 마음
(3) 거부하여 끊음
(4) 용의 머리와 뱀의 꼬리라는 뜻으로, 처음은 왕성하나 끝이 부진한 현상을 이르는 말

11. (1) ④ 問 (2) ① 伏 (3) ② 載 (4) ③ 才

7. 총 2획으로 쓸 수 있어.

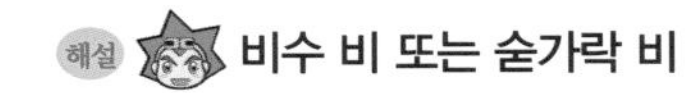

해설 비수 비 또는 숟가락 비
匕
예리하고 짧은 칼을 뜻하는 '비수', '화살촉'을 뜻함

8. 浪 : 물결 랑(낭)

삼장과 함께 하는 마법 한자 빙고 한 판!

30권에 나온 마법 한자들이 아래에 있어요. 한자마법을 외치며 빙고판을 완성해 보세요!
직선 혹은 대각선으로 3개 이상 선을 만들면 빙고 성공!

伏	距
手	匕
女	公
透	誘
審	萬
判	國
駐	海
載	黑
抱	龍
硬	浪